Lb. 48 956.

APERÇU THÉORIQUE

SUR

LES EMPRUNTS.

IMPRIMERIE DE FAIN, PLACE DE L'ODÉON.

APERÇU THÉORIQUE

SUR

LES EMPRUNTS,

Suivi de quelques observations sur le chapitre 8 de l'ouvrage de M. Ganilh, député du Cantal, concernant *la législation*, *l'administration et la comptabilité des finances* depuis la restauration;

PAR M. LE DUC DE GAËTE,

MEMBRE DE LA CHAMBRE DES DÉPUTÉS.

A PARIS,

CHEZ DELAUNAY, LIBRAIRE, PALAIS-ROYAL.

1817.

APERÇU THÉORIQUE

SUR

LES EMPRUNTS.

Les finances ont été, dans la dernière session des Chambres, l'objet de discussions d'un grand intérêt. Les véritables bases du *crédit* ont été posées. La question des emprunts a été seulement ébauchée, et des opinions contraires ont été défendues, de part et d'autre, avec une égale bonne foi ; mais la théorie est restée encore enveloppée de nuages, et la préférence due au système de *l'amortissement* sur celui des emprunts *simplement remboursables* est demeurée incertaine.

Cette question est néanmoins d'une haute importance, surtout à une époque à laquelle nos charges extraordinaires nous condamnent à recourir encore *au crédit* ; et j'ai pensé qu'un travail qui tendrait à l'éclairer serait également utile, soit que l'on adoptât mes conséquences, soit qu'elles conduisissent de meilleurs esprits à une détermination différente de celle à laquelle j'aurais été amené moi-même.

Également éloigné d'ériger l'emprunt *en système*, comme un moyen *de créer des capitaux et d'enrichir l'état*, et de le proscrire dans tous les cas, comme entraînant *nécessairement* un pays *à sa ruine;* je l'admets comme *nécessité*, de même que j'adopte *l'amortissement* comme *remède.* Dans mon opinion, l'emprunt, qui est le plus souvent utile aux particuliers, n'est, le plus ordinairement aussi, qu'un mal pour les peuples, parce qu'il ne peut marcher qu'escorté des impôts nécessaires pour le paiëment des intérêts et pour le remboursement, de quelque façon qu'il s'opère, d'un capital qui, n'ayant pas été destiné à se reproduire, a été, au moins pour la plus grande partie, consommé et détruit. Mais ce mal, pour être justement apprécié, doit être comparé à celui qu'il évite; et, dans notre situation présente, le résultat de cette comparaison ne peut offrir aucune incertitude. Il faut donc *emprunter*, puisque nous ne pouvons échapper autrement à un inconvénient plus grave. Notre situation était la même dans la dernière session, et alors comme aujourd'hui nous ne pouvions délibérer que sur le mode que nous devions préférer. Là, les opinions se sont divisées : le système de l'emprunt, *combiné avec celui de l'amortissement*, a été combattu avec beaucoup de talent, par des orateurs qui ont présenté l'emprunt *simplement remboursable*, comme infiniment moins oné-reux à l'état ; mais ce problème n'est pas de ceux qui peuvent se résoudre *par le seul rai-sonnement*. La solution en appartient presque toute entière *au calcul*, et ce n'est aussi que par des chiffres que j'ai essayé d'en préparer la solution.

Les états N°⁵. 1, 2 et 3, ci-annexés, prouvent qu'en principe la préférence à donner à l'un ou à l'autre mode d'emprunt dépend *du taux auquel on emprunte.* (V. État N°. 1 et ses auxi-liaires, et les États N°⁵. 2 et 3.)

Au-dessus de l'intérêt de 7 pour cent, l'em-prunt *simplement remboursable* est moins oné-reux que l'autre.

A 7 pour cent et au-dessous, l'amortissement *au cours de* 80, et fondé sur un revenu annuel réduit même à la proportion de 1 et un quart du capital, représenté par les rentes 5 pour cent consolidés, a un grand avantage sur l'emprunt *remboursable.* (V. État N°. 7.) (1)

─────────────

(1) Je ne rappelle point l'inconvénient connu des emprunts à *terme*, qui préparent, en général, aux gouvernemens de nouveaux embarras pour les époques du remboursement. Cette observation m'a paru sans application ici, puisque je compare les effets des deux systèmes, en affectant à l'un et à l'autre *un fonds égal*, et que la même fidélité est due à l'affectation annuelle de ce fonds, soit qu'il soit destiné à *l'amortissement* d'une dette consolidée, soit qu'il doive être appliqué à *des remboursemens exigibles.*

A l'intérêt de 5 pour cent, l'amortissement conserve encore un grand avantage, en supposant même ses rachats faits tous *au pair*. (V. Etat N°. 4.)

Voilà qui me paraît démontré par le calcul, pour un état qui emprunte *pour la première fois*, et c'est sans doute dans cette hypothèse que raisonnaient les orateurs qui prétendaient, dans la dernière session, que l'emprunt proposé par le gouvernement nous exposait à donner un ou plusieurs capitaux pour un, selon que le cours auquel il céderait ses rentes serait plus ou moins désavantageux.

Mais ce n'était saisir la question que sous une de ses faces, et cette manière de l'envisager nous aurait, si je ne me méprends pas, jetés dans une grande erreur. Le point de cette question ne me paraît pas en effet le même, s'il s'agit d'un pays *chargé d'une dette publique* déjà soumise à l'action de l'amortissement, et telle est notre position particulière.

Nous avions donc à examiner, en 1817, quelle deviendrait notre situation si nous nous déterminions à adopter un emprunt, même à 10 pour cent, remboursable *par un fonds de quarante millions par année*, en faisant profiter le trésor de l'intérêt graduel de la somme remboursée annuellement, et en substituant ce nouveau système à celui de *l'amortissement avec le même fonds annuel de quarante millions*, pour l'extinction *totale* de notre dette ; car on n'aurait pu conserver l'*ancien* système concurremment avec le *nouveau*, sans augmenter trop sensiblement, pendant les années les plus difficiles, la dépense annuelle, en même temps que les charges qu'elle nécessite.

Il faut d'abord considérer que le nouveau système n'aurait pu être établi qu'en suspendant, pendant les huit années nécessaires pour éteindre le nouvel emprunt (V. État N°. 5-), tout remboursement de la dette *ancienne*, puisqu'il eût été dans l'ordre d'attaquer de préférence la dette la plus onéreuse, et que j'ai supposé le nouvel emprunt contracté à l'intérêt de 10 pour cent, tandis que la dette ancienne n'en coûte que 5.

Dans ce système, la charge annuelle, qui serait, pour la première année, comme dans celui *de l'amortissement*, de cent-cinquante-trois millions, se réduirait, à raison du capital de quarante millions qui serait remboursé chaque année, 1°. de quatre millions pour chacune des huit premières années pendant lesquelles le fonds de remboursement agirait sur un intérêt de 10 pour cent ; 2°. de deux millions pour la neuvième année et les suivantes, le fonds de remboursement n'agissant plus que sur un intérêt de 5 pour cent. Ces réductions successives opéreraient une différence dans la dépense annuelle, de la première année à la vingt-troisième, de cent cinquante-trois millions à quatre-vingt-quinze (V. État N°. 5), et l'état resterait encore débiteur, à cette époque, de cinquante-cinq millions de rentes, dont le remboursement porterait la dépense totale, *à la cinquantième année*, à..... 4,536,000,000 fr.

Le système *de l'amortisse-ment* ayant maintenu chaque année, pendant vingt-deux ans, la charge annuelle à la somme fixe de cent cinquante-trois millions, aurait donné lieu, *à la vingt-troisième année*, où il n'y aurait plus qu'un appoint à faire, à une dépense totale de.............. 3,388,796,240

Et, *à cette époque*, l'état serait entièrement libéré (V. État N°. 6.)

Différence à l'avantage de l'amortissement (au cours de 80)...................... 1,147,203,760 fr.

indépendamment d'une libération beaucoup

plus prompte, et malgré le désavantage résultant, pour ce système, de l'intérêt élevé du nouvel emprunt de trois cents millions, qui aurait été éteint par ce procédé.

Bien entendu que ces résultats sont entièrement subordonnés à la condition essentielle, que le paiement des intérêts et celui du fonds d'amortissement soient affectés *sur un excédant de revenu* au-delà des dépenses de toute nature *du service ordinaire*. Autrement, et si *l'amortissement* était, en tout ou en partie, fondé *sur de nouveaux emprunts*, les charges publiques s'accroîtraient successivement au point de devenir insupportables, et l'état serait inévitablement poussé, avec le temps, dans un abîme sans fond ; ce qui arriverait au surplus également dans l'autre système, si le fonds *de remboursement* devait reposer *sur de nouveaux emprunts* dont les conditions deviendraient naturellement de plus en plus défavorables. On peut pressentir ce qui devrait arriver à cet égard, si, dans un nouveau système où il conviendrait de porter d'abord tous les moyens de remboursement sur l'emprunt de 1817, comme le plus onéreux, la dette *ancienne* devait être abandonnée à elle-même pendant huit années, et où en serait *le crédit*, par l'effet de cet abandon, lorsqu'il s'agirait de pourvoir, par de nouveaux emprunts , au complément de nos charges extraordinaires.

La conséquence des calculs que je viens de présenter serait que , dans un pays *qui a déjà une dette publique*, et qui se trouve forcé de recourir à un nouvel emprunt, le choix à faire , *en supposant que les prêteurs lui en laissent la faculté*, entre l'emprunt *simplement remboursable*, et celui *combiné avec le système d'amortissement*, doit dépendre du calcul de la proportion dans laquelle se trouvera l'intérêt *de la masse totale* de la dette , en y comprenant le nouvel emprunt, avec la totalité du capital à éteindre. Si l'intérêt ainsi établi excède 7 pour cent, l'emprunt remboursable est en lui-même moins onéreux : s'il n'est que de 7 pour cent et au-dessous , l'amortissement est de beaucoup plus économique.

Appliquant ces bases à notre situation particulière, on reconnaît que l'ensemble de notre dette actuelle , se composant, 1°. d'un intérêt annuel de quatre-vingt-trois millions, qui représente un capital de......... 1,660,000,000 fr.

2°. D'un capital nouvellement emprunté , que l'on suppose de...................... 300,000,000

Le total de la dette , en capital, est de..................... 1,960,000,000 fr.

et le nouvel intérêt à payer étant de quatre-vingt-trois millions pour la dette *ancienne*, et de trente pour la *nouvelle*, en tout cent treize millions, ne donne que 5 et environ $\frac{8}{100}$ de la totalité du capital à éteindre.

On peut donc dire qu'il y a eu un grand avantage à emprunter *dans la forme adoptée en 1817*, en doublant seulement le fonds d'amortissement, et cet avantage subsisterait encore, *sans que ce fonds eût besoin d'être augmenté*, en supposant que nous dussions nous procurer encore jusqu'à six cents millions par de nouveaux emprunts, même en livrant nos rentes au cours de 62, qui représente un intérêt de 8 pour cent. (V. État N°. 7.)

Le capital à éteindre se trouvant ci-dessus
de.............................. 1,960,000,000 fr.
augmenté de.................... 600,000,000

Se trouverait porté à 2,560,000,000 fr.

et la masse de nos rentes s'élèverait alors à cent soixante-un millions, qui ne porteraient l'intérêt de l'ensemble du capital à éteindre qu'à environ 6 un tiers pour cent.

Or nous avons vu qu'à 7 pour cent le système de l'amortissement, calculé au cours commun de 80, conservait encore un avantage marqué sur l'emprunt simplement remboursable : et il m'a semblé que la base *du cours de* 80 pouvait, dans notre situation, être raisonnablement adoptée, sans qu'on pût la juger trop favorable au système de l'amortissement.

La dépense de l'état diminuerait de tout ce qui serait acquis de rentes *au-dessous de ce cours.*

On voit au surplus, par les calculs qui terminent l'État N°. 7, que le système *de l'amortissement* présenterait encore un avantage très-important sur celui *du remboursement simple*, quand on voudrait même supposer, contre toute probabilité, que *la totalité* de nos rentes ne pût être rachetée *qu'au pair.*

Je n'ai point, en publiant ce travail, la prétention de rien apprendre aux personnes versées dans cette matière, auxquelles je demanderais avec plus de confiance des conseils et des leçons. J'ai voulu seulement offrir à la discussion des bases assez positives pour que son résultat pût fixer définivement les idées sur une question qu'il importe de faire sortir enfin de la catégorie de ces doctrines incertaines qui restent éternellement l'objet d'inutiles ou dangereuses controverses.

Les résultats que je viens de présenter du système *de l'amortissement* dans notre situation particulière, même dans la supposition

où nous devrions emprunter encore jusqu'à
six cents millions pour nous libérer de toutes nos
charges *extraordinaires*, n'ont pas pour objet
d'autoriser l'opinion que le poids d'une telle
dette dût être considéré comme *indifférent*, au
moyen du procédé par lequel elle devrait être
éteinte avec le temps. J'ai voulu seulement
pousser la comparaison entre les effets de *l'a-
mortissement* et ceux *du remboursement simple*
jusqu'à sa dernière limite. Je n'en reconnais
pas moins que le fardeau, élevé jusqu'à ce
point, pourrait faire craindre qu'il n'excédât
toutes nos forces, et qu'il importe extrêmement que nous voyions se réaliser l'espérance
donnée d'un allégement dont nous avons un si
grand besoin à la suite des pertes immenses que
la France a éprouvées depuis trois ans.

OBSERVATIONS PARTICULIÈRES.

En déclarant, comme je viens de le faire,
que j'admettais l'emprunt comme *nécessité*,
je crois avoir dit assez que je le repousserais,
s'il n'était pas indispensable; et il est certain
que l'on ne s'est déterminé, l'année dernière,
à y recourir qu'après que la ressource des impôts a paru épuisée. Divers projets avaient été
proposés pour ajouter quelques nouveaux droits
à ceux déjà établis sur les consommations. Pres-

que tous ont été jugés incompatibles, soit avec le maintien de la tranquillité publique, soit avec la protection due à l'industrie et au commerce. Le droit sur les huiles a été seul excepté et il ne l'a été qu'avec un extrême regret. J'ignore si les diverses améliorations proposées dans un nouvel écrit également recommandable par son objet et par le nom de son auteur, pourraient produire, avec le temps, des résultats tels que ceux qu'il en espérerait pour la prospérité de nos finances. C'est particulièrement sous le rapport de *l'exécution* que les vues qu'il présente auraient besoin d'être soumises à une mûre discussion ; mais il ne m'en est pas moins démontré que nous ne pourrions, dans des circonstances *tout-à-fait extraordinaires*, et qui exigent des ressources *présentes*, nous confier exclusivement, pour les obtenir, dans l'événement toujours incertain *d'une refonte générale de notre système administratif et financier.* Je n'ai pas la témérité d'en préjuger, ni d'en limiter les effets. Je pense seulement que, quels qu'ils dussent être, ils ne pourraient s'obtenir qu'avec un temps qui ne nous est point accordé pour assurer le service de l'année prochaine que l'on ne peut considérer encore comme une année *ordinaire*, et que nos créanciers s'arrangeraient mal d'une détermination qui ne pourrait leur donner que des espérances qu'il leur serait permis de ne pas trouver suffisamment garanties.

Personne, au surplus, ne rend plus de justice que moi au caractère de mon collègue M. Ganilh; à ses connaissances comme publiciste, à son talent distingué comme écrivain, particulièrement à la pureté de ses vues; et c'est une raison de plus, pour moi, d'imiter sa franchise dans les observations qu'un premier coup d'œil sur le chapitre VIII de son écrit m'a fait naître.

Il se demande d'abord si l'on continuera *d'aliéner des rentes* sous le prétexte, *malheureusement appuyé par de bons esprits dans la dernière session*, que quand on ne peut plus *imposer*, il faut nécessairement *emprunter*. « Je » suis au contraire convaincu, ajoute-t-il, que, » quand on ne peut plus *imposer*, on ne doit » plus *emprunter*. »

Il me semble, si ma mémoire est fidèle, qu'il n'a été rien dit de contraire à ce principe dans la dernière session. On a positivement établi que l'on ne pouvait emprunter, *sans un gage certain*, et que le système d'amortissement serait *une illusion* s'il ne reposait pas sur un revenu *excédant la dépense ordinaire*, affecté exclusivement au paiement

des intérêts des emprunts et à leur amortissement successif. La doctrine inverse serait in-
sensée, et personne, ce me semble, ne mérite
le reproche de l'avoir professée dans la Chambre.
On a dit, non pas *qu'il fallait emprunter quand
on ne pouvait plus imposer*, mais que *le premier
expédient devenait nécessaire*; alors que, par
des circonstances *momentanées*, on se trouvait
entraîné à des dépenses qui n'admettaient ni
composition, ni délai, *à peine de compromet-
tre l'existence même de l'état*, et dont la masse
*dépassait tout ce qu'il serait possible d'obtenir
par l'impôt, au moment du besoin*. On a ajouté
que cet expédient était sans danger pour le
Gouvernement, lorsqu'il avait dans *un exce-
dant* de son revenu *ordinaire*, ou qu'il se pro-
curait par la création *d'un nouveau revenu*, les
moyens d'assurer le paiement des intérêts et
l'amortissement du capital.

De cette proposition à l'autre la distance est
immense, et je ne vois pas qu'elle blesse en
rien le principe posé par M. Ganilh.

Or la commission du dernier budget a prouvé
que telle était notre situation au milieu de nos
embarras du moment, et que nous pouvions,
par conséquent, sans imprudence, réclamer le
secours *du crédit*.

Et je le demande : où en serions-nous aujour-

d'hui si les rapporteurs de cette Commission,
dont les travaux seront peut-être plus favora-
blement appréciés un jour, s'étaient présentés
à la tribune pour déclarer, à la face de l'Eu-
rope, que l'unique moyen de satisfaire aux
exigeances de notre position, était *de refondre
entièrement le système de nos finances*, que
l'on suppose, je ne sais pourquoi, n'avoir été
que l'ouvrage *de la révolution*, tandis que, dans
la réalité, il est à peu près celui qui a existé
de tous les temps en France ?

Qu'eussent dit les étrangers, si l'exécution
des traités passés avec eux avait dû reposer uniquement sur l'événement d'une opération
aussi vaste et aussi compliquée que celle pro-
posée par M. Ganilh, et dont l'objet serait,
pour l'une de ses parties seulement : 1°. *de
constater la somme de contributions nouvelles,
que chacun des objets consommés par l'aisance,
le luxe et l'opulence peut supporter sans
nuire à leur consommation*; 2°. *de trouver* un
mode de perception *qui ne gêne ni leur circulation, ni leur vente, ni leur consommation*, et
qui ne soit pas *trop* dispendieux; c'est-à-dire
qui ne soit rien moins que *la plus rigoureuse
perfection* ?

Et tout cela, seulement *dans l'espérance* de
faire payer par le commerce et par l'industrie,

au lieu de quinze millions qu'ils payent actuellement par les patentes, cent-cinquante millions *en contributions nouvelles*, dont on eût abandonné au Gouvernement le soin *de faire la recherche*, quoique l'on sût bien que déjà celles auxquelles il s'était spontanément livré, dans une intention semblable, avaient été sans succès.

De bonne foi, la Chambre aurait-elle cru pouvoir satisfaire ainsi à des engagemens de l'espèce de ceux que les malheurs des temps ont imposés à la France ?

Il paraît que nos voisins, dont M. Ganilh cite volontiers l'autorité, ont pensé autrement lorsqu'ils ont eu à pourvoir aux dépenses démesurées d'une guerre dont ils ne pouvaient apercevoir le terme. Ont-ils été entraînés, par quelque imprudence, au-delà des bornes qu'ils avaient cru prévoir ? C'est une question que je n'ai pas à examiner. C'est uniquement de notre situation qu'il s'agit, et de ce qu'elle exige de nous. Or je pense que tout ce que demande M. Ganilh a été, depuis bien long-temps, l'objet des vœux et le but des travaux de tout ce que nous avons eu d'administrateurs distingués avant la révolution; que, depuis, on a profité des leçons de l'expérience et des résultats même de cette révolution, pour améliorer ce que l'on

n'avait pu faire mieux dans d'autres temps ;
parce que notre état politique d'alors ne l'aurait pas permis. Ainsi une forte partie de l'impôt sur les terres admettait autrefois des
priviléges qu'il n'admet plus aujourd'hui, et,
quoiqu'on en puisse dire, il est dans la nature
des choses, dans un pays essentiellement agri-
cole, que le revenu *foncier* contribue aux charges publiques dans une proportion plus forte
que dans celui dont la principale richesse se
fonde sur les profits de l'industrie et du commerce. Chaque peuple a d'ailleurs son caractère, ses mœurs, ses habitudes; et telle perception réussit dans un pays, dont l'essai ne
produirait, dans l'autre, que des mécontente-
mens ou des révoltes.

Il faut aussi considérer, relativement à l'impôt territorial, que cet impôt ne frappe que sur
le produit *net*, après que l'on a prélevé sur le
produit *brut* les frais de toute nature nécessaires
à la reproduction. Elle profiterait donc beaucoup moins qu'on paraît le croire, *de la ré-
duction de la contribution foncière*, d'après
l'extrême subdivision des propriétés en France :
ce qui ne veut pas dire qu'il ne faille pas tendre
toujours vers les moyens de rendre aux proprié-
taires l'aisance à laquelle ils ont droit comme
les autres classes de la société; mais seulement

qu'il ne faut pas s'exagérer les effets de la fixa-
tion, commandée par les besoins actuels du
trésor, de la contribution qu'ils supportent
avec une si honorable résignation.

En dernière analyse, avec une imagination
vive, une tête forte et un grand amour du bien,
un publiciste vivant dans la solitude du cabi-
net et au milieu de ses livres, sans aucun con-
tact avec l'administration publique, doit facilement être conduit à juger que *tout est mal*,
parce que, dans la réalité, *rien n'est exempt
d'imperfection* : et qu'il suffirait de s'éclairer au
flambeau *de la science économique* pour que
tout devînt *parfait*. Il doit être également en-
clin à ne pas distinguer *l'expérience* de la *rou-
tine*, parce que leurs conseils peuvent souvent
lui paraître dictés par un même esprit. L'irres-
ponsabilité donne d'ailleurs une certaine assu-
rance, et l'on se livre sans inquiétude à des
idées spéculatives dont on n'aurait point à
justifier l'événement contraire. L'adminis-
trateur est nécessairement plus circonspect
parce qu'il reste garant des résultats de ce
qu'il propose; qu'on ne lui pardonne pas
de n'avoir pas tout prévu, et que, dès-lors,
il doit être peu disposé aux innovations
les plus séduisantes, lorsqu'il n'a pas la con-
viction d'un succès certain. Aussi voudrais-je

que toute proposition d'un nouveau système fût appuyée *sur un plan d'exécution*, afin qu'elle pût être facilement appréciée, et que l'auteur n'en fût pas quitte pour dire : *l'exécution ne me regarde pas ;* car elle seule fait distinguer les idées *vraiment utiles* de ce que l'on peut appeler *les rêves des hommes de bien.*

Je ne me suis point proposé de discuter les diverses parties de l'ouvrage important que M. Ganilh vient de livrer au public, ni surtout d'en contester l'utilité sous plusieurs rapports. J'ai cru seulement devoir m'expliquer sur les objections dont la partie systématique de cet ouvrage m'a paru susceptible, parce que je n'ai pas voulu *mériter* le reproche que M. Ganilh m'adresse, à une autre occasion, avec tous les ménagemens dont il est capable *dans les formes,* mais néanmoins un peu légèrement *au fond ; celui de n'avoir pas fait à la vérité et à l'intérêt de mon pays, le sacrifice de ma modération, de ma prudence et de mon amour pour la paix.* Je ne serais point embarrassé de prouver, qu'à cet égard, je n'ai point un tel reproche à me faire, et peut-être les observations que j'ai publiées dans les premiers temps *de la restauration,* auraient-elles dû m'en garantir ; mais ce n'est pas de moi qu'il s'agit, et le soin de ma justification ne m'aurait point engagé à manifester mon opinion sur la partie principale de l'ouvrage de M. Ganilh, si les conséquences ne m'en avaient paru extrêmement dangereuses au moment où nous allons avoir à nous occuper d'un nouveau budget, qu'elles rendraient impossible à faire ; ce qui mettrait, à mon sens, *l'État lui-même en péril.*

Les autres parties de cet ouvrage seront lues avec un juste intérêt. Les trois premiers chapitres particulièrement présentent une analyse des budgets antérieurs qui, reposant sur des calculs positifs, doit nécessairement amener des explications également profitables pour la chose publique, soit qu'elles confirment, soit qu'elles détruisent ou modifient les résultats que M. Ganilh a établis avec une méthode et avec une clarté tout-à-fait remarquables. La nouvelle commission du budget lui devra toujours beaucoup pour les soins qu'il a donnés à des recherches qui ne pourront que faciliter ses opérations, et qui mettront le gouvernement à portée de préparer à l'avance les éclaircissemens que les doutes élevés par M. Ganilh rendront nécessaires.

ÉTAT N°. 1.   DÉPENSE

D'un emprunt *d'un milliard* remboursable à raison de 40 millions par an, en faisant profiter l'État du décroissement successif des intérêts.

A 10 pour cent.

État A. {
Intérêts décroissans pendant 25 ans 1,300,000,000
Remboursemens à raison de 40 millions par an 1,000,000,000

2,300.000,000

A 9 pour cent.

État B. {
Intérêts pendant 25 ans 1,170,000,000
Remboursemens . . : 1,000,000,000

2,170,000,000

A 8 pour cent.

État C. {
Intérêts pendant 25 ans 1,040,000,000
Remboursemens 1,000,000,000

2,040,000,000

A 7 pour cent.

État D. {
Intérêts pendant 25 ans 910,000,000
Remboursemens 1,000,000,000

1,910,000,000

A 6 pour cent.

État E. {
Intérêts pendant 25 ans 780,000,000
Remboursemens 1,000,000,000

1,780,000,000

A 5 pour cent.

État F. {
Intérêts pendant 25 ans 650,000,000
Remboursemens 1,000,000,000

1,650,000,000

ÉTAT A.   EMPRUNT

D'un milliard remboursable à raison de 40 millions par an, en faisant profiter le trésor du décroissement graduel des intérêts.

A 10 *pour cent.*

Années	Intérêts annuels.	Remboursemens.	Dépense annuelle
1re.	100,000,000	40,000,000	140,000,000
2	96,000,000	40,000,000	136,000,000
3	92,000,000	40,000,000	132,000,000
4	88,000,000	40,000,000	128,000,000
5	84,000,000	40,000,000	124,000,000
6	80,000,000	40,000,000	120,000,000
7	76,000,000	40,000,000	116,000,000
8	72,000,000	40,000,000	112,000,000
9	68,000,000	40,000,000	108,000,000
10	64,000,000	40,000,000	104,000,000
11	60,000,000	40,000,000	100,000,000
12	56,000,000	40,000,000	96,000,000
13	52,000,000	40,000,000	92,000,000
14	48,000,000	40,000,000	88,000,000
15	44,000,000	40,000,000	84,000,000
16	40,000,000	40,000,000	80,000,000
17	36,000,000	40,000,000	76,000,000
18	32,000,000	40,000,000	72,000,000
19	28,000,000	40,000,000	68,000,000
20	24,000,000	40,000,000	64,000,000
21	20,000,000	40,000,000	60,000,000
22	16,000,000	40,000,000	56,000,000
23	12,000,000	40,000,000	52,000,000
24	8,000,000	40,000,000	48,000,000
25	4,000,000	40,000,000	44,000,000
	1,300,000,000 fr.	1,000,000,000 fr.	2,300,000,000 fr.

ÉTAT B.　　　　E M P R U N T

D'un milliard remboursable à raison de 40 millions par an, en faisant profiter le trésor du décroissement graduel des intérêts.

A 9 *pour cent.*

Années	Intérêts annuels.	Remboursemens.	Dépense annuelle
1re.	90,000,000 fr.	40,000,000 fr.	130,000,000 fr.
2	86,400,000	40,000,000	126,400,000
3	82,800,000	40,000,000	122,800,000
4	79,200.000	40,000,000	119,200,000
5	75,600,000	40,000,000	115,600,000
6	72,000,000	40,000,000	112,000,000
7	68,400,000	40,000,000	108,400,000
8	64,800,000	40,000,000	104,800,000
9	61,200,000	40,000,000	101,200,000
10	57,600,000	40,000,000	97,600,000
11	54,000,000	40,000,000	94,000,000
12	50,400,000	40,000,000	90,400,000
13	46,800,000	40,000.000	86,800,000
14	43,200,000	40,000.000	83,200,000
15	39,600,000	40,000,000	79,600,000
16	36,000,000	40,000,000	76,000,000
17	32,400,000	40,000,000	72,400,000
18	28,800,000	40,000,000	68,800,000
19	25,200,000	40,000,000	65,200,000
20	21,600,000	40,000,000	61,600,000
21	18,000,000	40,000,000	58,000,000
22	14,400,000	40,000,000	54,400,000
23	10,800,000	40,000,000	50,800,000
24	7,200,000	40,000,000	47,200,000
25	3,600,000	40,000,000	43,600,000
	1,170,000,000 fr.	1,000,000,000 fr.	2,170,000,000 fr.

Éтат C.   EMPRUNT

D'un milliard remboursable à raison de 40 millions par an, en faisant profiter le trésor du décroissement graduel des intérêts.

A 8 pour cent.

Années	Intérêts annuels.	Remboursemens	Dépense annuelle
1ᵉ.	80,000,000 fr.	40,000,000 fr.	120,000,000 fr.
2	76,800,000	40,000,000	116,800,000
3	73,600,000	40,000,000	113,600,000
4	70,400,000	40,000,000	110,400,000
5	67,200,000	40,000,000	107,200,000
6	64,000,000	40,000,000	104,000,000
7	60,800,000	40,000,000	100,800,000
8	57,600,000	40,000,000	97,600,000
9	54,400,000	40,000,000	94,400,000
10	51,200,000	40,000,000	91,200,000
11	48,000,000	40,000,000	88,000,000
12	44,800,000	40,000,000	84,800,000
13	41,600,000	40,000,000	81,600,000
14	38,400,000	40,000,000	78,400,000
15	35,200,000	40,000,000	75,200,000
16	32,000,000	40,000,000	72,000,000
17	28,800,000	40,000,000	68,800,000
18	25,600,000	40,000,000	65,600,000
19	22,400,000	40,000,000	62,400,000
20	19,200,000	40,000,000	59,200,000
21	16,000,000	40,000,000	56,000,000
22	12,800,000	40,000,000	52,800,000
23	9,600,000	40,000,000	49,600,000
24	6,400,000	40,000,000	46,400,000
25	3,200,000	40,000,000	43,200,000
	1,040,000,000 fr.	1,000,000,000 fr.	2,040,000,000 fr.

Étar D.   EMPRUNT

D'un milliard remboursable à raison de 40 millions par an., en faisant profiter le trésor du
décroissement graduel des intérêts.

A 7 pour cent.

Années	Intérêts annuels.	Remboursemens	Dépense annuelle
1ʳᵉ.	70,000,000 fr.	40.000,000 fr.	110,000.000 fr.
2	67,200,000	40,000,000	107.200.000
3	64,400,000	40,000,000	104,400,000
4	61,600,000	40,000,000	101.600,000
5	58,800,000	40,000.000	98,800,000
6	56,000,000	40.000 000	96.000.000
7	53.200 000	40,000,000	93,200,000
8	50,400,000	40,000,000	90.400,000
9	47,600,000	40,000,000	87.600,000
10	44,800,000	40,000,000	84.800.000
11	42 000,000	40,000,000	82.000.000
12	39,200,000	40,000,000	79 200,000
13	36,400,000	40,000.000	76.400 000
14	33.600,000	40,000 000	73.600,000
15	30,800,000	40,000.000	70.800 000
16	28,000,000	40,000,000	68,000,000
17	25 200,000	40.000.000	65.200,000
18	22 400,000	40,000,000	62.400,000
19	19,600,000	40.000.000	59.600,000
20	16,800,000	40,000,000	56,800.000
21	14.000,000	40,000 000	54 000.000
22	11,200,000	40,000,000	51,200,000
23	8,400,000	40,000 000	48 400,000
24	5,600,000	40.000,000	45.600,000
25	2,800,000	40,000,000	42,800,000
	910,000,000 fr.	1,000,000,000 fr.	1,910,000,000 fr.

ÉTAT E.   EMPRUNT

D'un milliard remboursable à raison de 40 millions par an, en faisant profiter le trésor du décroissement graduel des intérêts.

A 6 pour cent.

Années	Intérêts annuels.	Remboursemens.	Dépense annuelle
1ᵉ	60,000,000 fr.	40,000,000 fr.	100,000,000 fr.
2	57,600,000	40,000,000	97,600,000
3	55,200,000	40,000,000	95,200,000
4	52,800,000	40,000,000	92,800,000
5	50,400,000	40,000,000	90,400,000
6	48,000,000	40,000,000	88,000,000
7	45,600,000	40,000,000	85,600,000
8	43,200,000	40,000,000	83,200,000
9	40,800,000	40,000,000	80,800,000
10	38,400,000	40,000,000	78,400,000
11	36,000,000	40,000,000	76,000,000
12	33,600,000	40,000,000	73,600,000
13	31,200,000	40,000,000	71,200,000
14	28,800,000	40,000,000	68,800,000
15	26,400,000	40,000,000	66,400,000
16	24,000,000	40,000,000	64,000,000
17	21,600,000	40,000,000	61,600,000
18	19,200,000	40,000,000	59,200,000
19	16,800,000	40,000,000	56,800,000
20	14,400,000	40,000,000	54,400,000
21	12,000,000	40,000,000	52,000,000
22	9,600,000	40,000,000	49,600,000
23	7,200,000	40,000,000	47,200,000
24	4,800,000	40,000,000	44,800,000
25	2,400,000	40,000,000	42,400,000
	780,000,000 fr.	1,000,000,000 fr.	1,780,000,000 fr.

Etat F.   EMPRUNT

D'un milliard remboursable à raison de 40 millions par an, en faisant profiter le trésor du décroissement graduel des intérêts.

A 5 pour cent.

Années	Intérêts annuels	Remboursemens.	Dépense annuelle
1re.	5o,000,000 fr.	4o,000,000 fr.	90,000,000 fr.
2	48,000,000	40,000,000	88,000,000
3	46,000,000	40,000,000	86,000,000
4	44,000,000	40,000,000	84,000,000
5	42,000,000	40,000,000	82,000,000
6	40,000,000	40,000,000	80,000,000
7	38,000,000	40,000,000	78,000,000
8	36,000,000	40,000,000	76,000,000
9	34,000,000	40,000,000	74,000,000
10	32,000,000	40,000,000	72,000,000
11	3o,000,000	40,000,000	70,000,000
12	28,000,000	40,000,000	68,000,000
13	26,000,000	40,000,000	66,000,000
14	24,000,000	40,000,000	64,000,000
15	22,000,000	40,000,000	62,000,000
16	20,000,000	40,000,000	60,000,000
17	18,000,000	40,000,000	58,000,000
18	16,000,000	40,000,000	56,000,000
19	14,000,000	40,000,000	54,000,000
20	12,000,000	40,000,000	52,000,000
21	10,000,000	40,000,000	5o,000,000
22	8,000,000	40,000,000	48,000,000
23	6,000,000	40,000,000	46,000,000
24	4,000,000	40,000,000	44,000.000
25	2,000,000	40,000,000	42,000,000
	65o,000,000 fr.	1,000,000,000 fr.	1,650,000,000 fr.

État N°. 2. DÉPENSE (1)

De l'amortissement au cours de 80 d'un emprunt *d'un milliard*, avec un fonds d'amortissement de 40 millions par an.

ALIÉNATION DES RENTES
Au cours de 50 ou 10 pour cent.

100 millions de rentes payées tant *à la caisse* qu'aux *particuliers* pendant 21 ans. . .	2,100,000,000
Fonds d'amortissement de 40 millions pendant le même temps.	840,000,000
Dépense totale. . . .	2,940,000,000

Au cours de 55 ou 9 pour cent.

90 millions de rentes payées pendant 20 ans	1,800,000,000
Fonds d'amortissem. pendant le même temps	800,000,000
	2,600,000,000

Au cours de 62 ou 8 pour cent.

80 millions de rentes payées pendant 18 ans	1,440,000,000
Fonds d'amortissem. pendant le même temps	720,000,000
	2,160,000,000

Au cours de 71 ou 7 pour cent.

70 millions de rentes payées pendant 17 ans	1,190,000,000
Fonds d'amortissem. pendant le même temps	680,000,000
	1,870,000,000

(1) *V*. État N°. 6, qui prouve qu'à la vingt et unième année le fonds annuel de 40 millions, réuni au produit des intérêts composés, a racheté un peu au-delà de 100 millions de rentes 5 pour cent.

Le même État confirme les autres résultats de ce tableau, en s'arrêtant aux diverses époques qu'il détermine.

Au cours de 83 ou 6 pour cent.

6o millions de rentes payées pendant 15 ans	900,000,000
Fonds d'amortissem. pendant le même temps	600,000,000
	1,500,000,000

Au cours de 100 ou 5 pour cent.

5o millions de rentes payées pendant 14 ans	700,000,000
Fonds d'amortissem. pendant le même temps	560,000,000
	1,260,000,000

ÉTAT N°. 3. RÉSUMÉ COMPARATIF.

À 10 pour cent.

Dépense par l'amortissement *au cours de* 8o 2,940,000,000
——— par l'emprunt remboursable. . . . 2,300,000,000

Différ. en faveur de l'emprunt remboursable 640,000,000

À 9 pour cent.

Dépense par l'amortissement. 2,600,000,000
——— par l'emprunt remboursable. 2,170,000,000

Différ. en faveur de l'emprunt remboursable 430,000,000

À 8 pour cent.

Dépense par l'amortissement. 2,160,000,000
——— par l'emprunt remboursable. 2,040,000,000

Différ. en faveur de l'emprunt remboursable 120,000,000

DIFFÉRENCES en faveur de l'emprunt remboursable.

À 7 pour cent.

Dépense par l'emprunt remboursable. . . . 1,910,000,000
——— par l'amortissement. 1,870,000,000

Différence en faveur de l'amortissement. . 40,000,000

À 6 pour cent.

Dépense par l'emprunt remboursable. . . 1,780,000,000
——— par l'amortissement. 1,500,000,000

Différence en faveur de l'amortissement. . 280,000,000

À 5 pour cent.

Dépense par l'emprunt remboursable. . . . 1,650,000,000
——— par l'amortissement. 1,260,000,000

Différence en faveur de l'amortissement. . 390,000,000

DIFFÉRENCES en faveur du système de l'amortissem^t.

ÉTAT N°. 4. TABLEAU des effets de l'amortissement de 5o millions de rentes; par l'emploi d'un fonds annuel de 4o millions en achats de rentes, 5 pour cent *au pair.*

Années	FONDS d'amortissement annuel.	MONTANT des intérêts des rentes rachetées annuellement.	TOTAL des moyens d'amortissement pour chaque année.	MONTANT des rentes achetées chaque année.
1re.	4o,000,000 fr.	»	4o,000,000 fr.	2,000,000 fr.
2	4o,000,000	2,000,000 fr.	42,000,000	2 100,000
3	4o,000,000	4.100,000	44.100,000	2,205,000
4	4o,000,000	6,305,000	46,305,000	2,315,250
5	4o,000,000	8,620,250	48.620,250	2,431,012
6	4o,000.000	11,051,262	51,051,262	2,552,563
7	4o 000,000	13 603,843	53,603 823	2,680,191
8	4o,000,000	16,284.014	56,284,014	2,814,200
9	4o,000,000	19.098,214	59 098,214	2 954,910
10	4o,000,000	22,053,124	62,053,124	3,102,656
11	4o,000,000	25,155,780	65,155,780	3,257,789
12	4o,000,000	28.413.569	68,413 569	3,420,678
13	4o,000.000	31,834.447	71,834.417	3 591,722
14	4o.000.000	35,426,169	75,426,169	3,771,308
15	4o.000,000	39,197,487	79,197,487	3 959,874
16	4o,000,000	43,157,361	83.157.361	4.157,868
17	6,384,300	47,315,200	53,699,500	2,684,979
	646,384,300 fr.	353,615,700 fr.	1,000,000,000 fr.	5o,000,000 fr.

Dépenses par l'emprunt remboursable (État F).

État F. { Intérêts décroissans pendant 25 ans. . . . 650,000,000 }
{ Remboursemens. . . . . 1,000,000,000 } 1,650,000,000

Dépenses par l'amortissement au pair.

5o millions de rentes payées tant à la caisse qu'aux particuliers pendant 17 ans. . . . . 850,000,000 }

Fonds d'amortissement de 4o millions pendant 16 ans. . . . . 640,000,000 } 646,384,300 } 1,496,384,300

Appoint pour la dix-septième année. . 6,384,300 }

Avantage en faveur de l'amortissement (*au pair*). 153,615,700

ÉTAT N°. 5. TABLEAU de la dépense nécessaire pou
l'extinction de notre dette *actuelle* par u
remboursement annuel de 40 millions, e
faisant profiter le trésor des intérêts du ca
pital remboursé chaque année.

Années	MONTANT de la dépense pour chaque année.	Années	MONTANT de la dépense pour chaque année	OBSERVATIONS.
1re.	153,000,000 (a)	Report	2,840,000,000	(a) Intérêts de la dette anc. 83,000,000
2	149,000,000 (b)	25	91,000,000	—— de la nouvelle. 30,000,000
3	145,000,000	26	89,000,000	Fonds annuel de rembours. 40,000,000
4	141,000,000	27	87,000,000	153,000,0
5	137,000,000	28	85,000,000	(b) Déduction faite de 4 millions pour
6	133,000,000	29	83,000,000	l'intérêt à 10 pour cent des 40 millions
7	129,000,000	30	81,000,000	remboursés pendant la première année.
8	125,000,000	31	79,000,000	La même déduction a lieu sur chacune
		32	77,000,000	des 8 premières années, à la fin desquelles
		33	75,000,000	le nouvel emprunt de 300 millions est
Dépense totale à l'époque à laquelle l'empr. de 300 mill. à 10 pour 100 se trouve remboursé.. 1,112,000,000		34	73,000,000	entièrement remboursé.
		35	71,000,000	(c) Ici commence le remboursement de
9	123,000,000 (c)	36	69,000,000	la dette ancienne, dont les intérêts sont
10	121,000,000 (d)	37	67,000,000	de. 83,000,000
11	119,000,000	38	65,000,000	Fonds de remboursem. . 40,000,000
12	117,000,000	39	63,000,000	Total de la dépense pour
13	115,000,000	40	61,000,000	la 1re. année de rembours. 123,000,000
14	113,000,000	41	59,000,000	(d) Déduction faite de 2 millions pour
15	111,000,000	42	57,000,000	l'intérêt à 5 pour 100 des 40 millions rem-
16	109,000,000	43	55,000,000	boursés pendant l'année précédente. La
17	107,000,000	44	53,000,000	même déduction a lieu sur chacune des
18	105,000,000	45	51,000,000	années suivantes, et donne à la 42e. année
19	103,000,000	46	49,000,000	où la déduction n'est plus que d'un mil-
20	101,000,000	47	47,000,000	lion, un total de 83 millions égal à l'inté-
21	99,000,000	48	45,000,000	rêt de notre dette *ancienne*.
22	97,000,000	49	43,000,000	RÉSUMÉ.
23	95,000,000	50	21,000,000	Dépense totale. 4,536,000,000
24	93,000,000			Dépense jusqu'au rem-
				boursement de l'emprunt
				de 1817.. 1,112,000,000
A report.	2,840,000,000	Total.	4,536,000,000	Reste à dépenser pour l'entier remboursement de *la dette ancienne*. 3,424,000,000

ÉTAT N°. 6.   TABLEAU

Des effets de l'amortissement de notre dette
actuelle, portée à 113 millions de rentes,
par l'emploi d'un fonds annuel de 40 millions en achats de rentes, 5 pour cent au
cours de 80.

Années	FONDS annuel d'amortisse- ment.	MONTANT des intérêts des rentes rachetées annuellement.	TOTAL des moyens d'amortissem. pour chaque année	MONTANT des rentes achetées chaque année.
1re.	40,000,000	»	40,000,000	2.500,000
2	40,000,000	2,500,000	42.500,000	2,656.250
3	40,000,000	5,156,250	45.156 250	2,822,265
4	40,000,000	7,978,515	47,978.515	2,998,710
5	40,000,000	10,977,225	50.977,225	3,186 145
6	40,000,000	14,163,370	54.163,370	3,385,270
7	40,000,000	17,548,640	57.548.640	3,596,850
8	40,000,000	21,145,490	61.145.490	3,721,655
9	40,000,000	24,867,145	64,867,145	4,054,255
10	40.000,000	28,921,400	68,921,400	4,306,650
11	40.000,000	33,228,050	73,228,050	4,576,815
12	40,000,000	37,804,865	77,804.865	4,862.860
13	40,000,000	42,667.725	82.667,725	5,166,795
14	40,000,000	47,834,520	87,834,520	5,489,220
15	40,000,000	53,323,740	93,323,740	5.832,795
16	40,000,000	59,156,535	99,156,535	6,197,345
17	40,000,000	65,353.880	105,353,880	6,584,680
18	40,000,000	71,938,560	111,938,560	6,996,220
19	40,000,000	78,934,780	118,934,780	7,433,485
20	40,000,000	86,368,265	126,368,265	7,898,075
21	40,000,000	94,266,340	134,266,340	8,391,705
22	40,000,000	102,658,045*	142,658,045	8,916,190
23	22,796,240	»	22,796,240	1,425,765
Totaux	902,796,240	906,794,340	1,809,589,580	113,000,000

```
* 102,658,045
    8,916,190
 ——————————
  111,574,235
```

RÉSULTATS COMPARÉS DES TABLEAUX N°ˢ. 5 et 6.

Montant de la dépense annuelle du trésor par le système de l'amortissement.

Intérêt de la dette ancienne.. 83,000,000 fr.

— du nouvel emprunt de 300 millions. 30,000,000

Fonds d'amortissement. . . 40,000,000

Somme à fournir par le trésor royal *pendant 22 ans.* . . . 153,000,000

Multipliés par 22. . 22

306,000,000
3,060,000,000

3,366,000,000

Appoint pour la vingt-troisième année. 22,796,240

TOTAL de la dépense du trésor *en 23 ans.* 3,388,796,240

Dépense *du remboursement simple, en 50 ans* (État N°. 5). 4,536,000,000

Différence à l'avantage du système *de l'amortissement.* . 1,147,203,760

Indépendamment d'une libération une fois plus prompte.

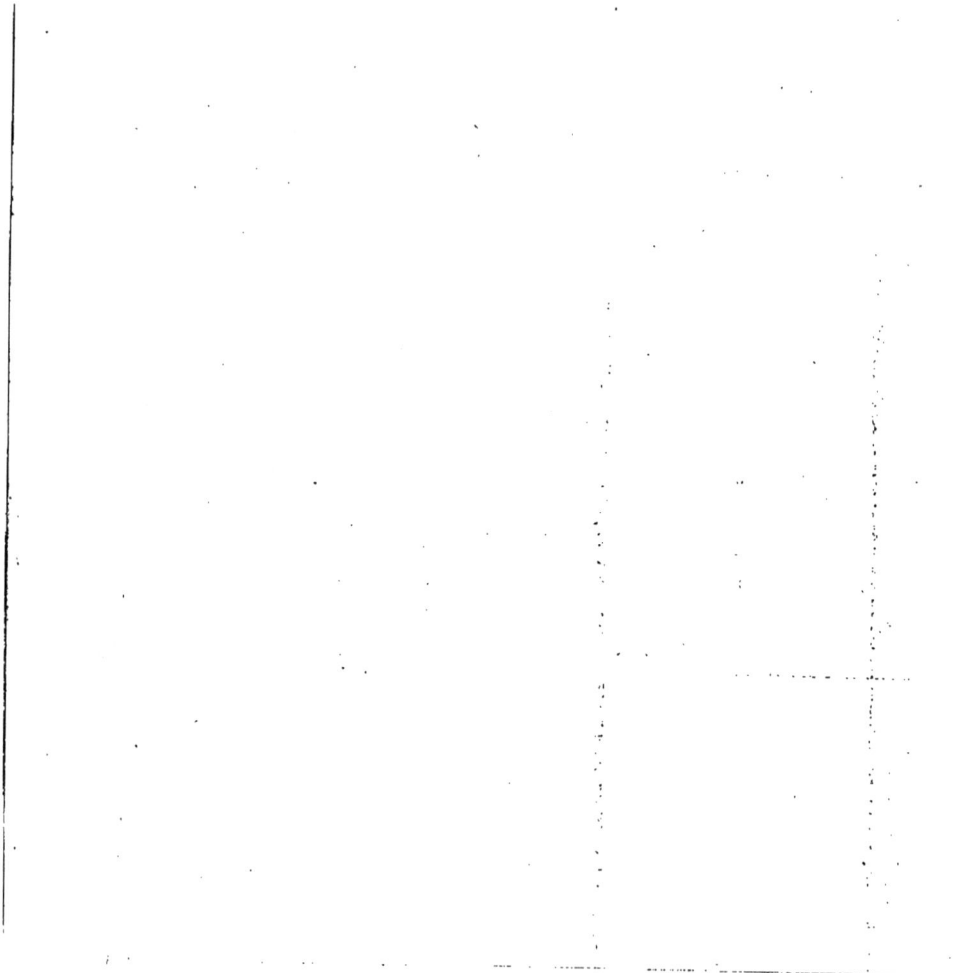

ÉTAT N . 7. TABLEAU des effets *de l'amortissement, au cours de* 80, sur 161 millions de rentes à 5 pour cent ; comparés avec ceux du *remboursement simple* à raison de 40 millions par an, tant du capital de la dette *ancienne* que des emprunts faits en 1817, 1818, 1819 et 1820.

Système du remboursement annuel.

Années.	MONTANT DE LA DÉPENSE DU TRÉSOR.				TOTAL de la dépense de chaque année	OBSERVATIONS.
	1re. année.	2e. année. Intérêts du 2e emprunt de 200 millions à 8 pour 100.	3e. année. Intér. du 3e. emprunt de 200 mill. à 8 pour 100.	4e. année. Intér. du 4e. emprunt de 200 mill. à 8 pour 100.		
	Remboursement du premier emprunt de 300 millions à 10 pour cent.					(a) Intér. de la dette anc. 83,000,000 —— de l'empr. de 1817 30,000,000 Fonds annuel de remb^t. 40,000,000
1re.	153,000,000(a)	»	»	»	153,000,000	
2	149,000,000(*)	16,000,000	»	»	165,000,000	Total pour la 1re. année. 153,000,000
3	145,000,000	16,000,000	16,000,000	»	177,000,000	
4	141,000,000	16,000,000	16,000,000	16,000,000	189,000,000	
5	137,000,000	16,000,000	16,000,000	16,000,000	185,000,000	(*) L'intérêt décroît de 10 pour
6	133,000,000	16,000,000	16,000,000	16,000,000	181,000,000	cent des 40 millions qui sont rem-
7	129,000,000	16,000,000	16,000,000	16,000,000	177,000,000	boursés chaque année.
8	125,000,000	16,000,000	16,000,000	16,000,000	173,000,000	
Dépense totale à l'époque à laquelle le 1er emprunt de 300 millions est remboursé.	1,112,000,000	112,000,000	96,000,000	80,000,000	1,400,000,000	
	Remboursement du deuxième emprunt de 200 millions à 8 pour cent (b).					(b) Intér. de la dette anc. 83,000,000 —— des trois emprunts de 200 mill. à 8 pour 100 48,000,000 Fonds de remboursement 40,000,000
9	171,000,000	»	»	»		Dépense de la 9e. année. . 171,000,000
10	167,800,000	»	»	»		
11	164,600,000	»	»	»		
12	161,400,000	»	»	»		Cette dépense décroît de l'intérêt à
13	158,200,000	»	»	»		8 pour cent des 40 millions qui sont remboursés chaque année sur le second emprunt.
	823,000,000				823,000,000	
	Remboursement du troisième emprunt de 200 millions à 8 pour cent (c).					(c) Intér. de la dette anc. 83,000,000 —— des 2 dern. empr. 32,000,000 Fonds de remboursement 40,000,000 155,000,000
14	155,000,000	»	»	»		
15	151,800,000	»	»	»		
16	148,600,000	»	»	»		
17	145,400,000	»	»	»		
18	142,200,000	»	»	»		
	743,000,000				743,000,000	
	Remboursement du quatrième emprunt de 200 millions à 8 pour cent (d).					(d) Intér. de la dette anc. 83,000,000 —— du dernier empr. 16,000,000 Fonds de remboursement 40,000,000 139,000,000
19	139,000,000	»	»	»		
20	135,800,000	»	»	»		
21	132,600,000	»	»	»		
22	129,400,000	»	»	»		
23	126,200,000	»	»	»		
	663,000,000				663,000,000	L'intérêt décroît de 8 pour cent des 40 millions appliqués aux remboursemens.
					3,629,000,000	

On voit par ce dernier tableau que, dans ce système, le remboursement de la dette *ancienne* ne pourrait commencer qu'à la vingt-quatrième année, et qu'elle aurait été abandonnée à elle-même pendant vingt-trois ans.

La dépense faite par le trésor pendant ces vingt-trois ans se serait élevée, comme ci-dessus, à. . . . . 3,629,000,000 f.

On a vu, par le tableau N°. 5, que le remboursement de la dette *ancienne*, à raison de 40 millions par an, exigerait 42 ans, et que la dépense s'élèverait en totalité à. 3,424,000,000

Total de la dépense pour éteindre, *en* 65 *ans*, *dans le nouveau système*, *la totalité* de la dette, en supposant que nous dussions emprunter jusqu'à la concurrence de 600 millions *pour le service des années* 1818, 1819 et 1820. . . . 7,053,000,000

Système de l'amortissement.

D'après le tableau N°. 6, un fonds annuel de 40 millions employé *pendant* 22 *ans* à racheter des rentes, *au cours de* 80, aurait procuré à la caisse d'amortissement la propriété de 111,574,235 fr. de rentes, qui porteraient, à

la vingt-troisième année, ses moyens d'achats
à 151,574,235.

En admettant que nous nous fussions procuré 600 nouveaux millions par le même procédé qui nous a procuré les 300 premiers en
1817, en livrant des rentes au cours de 62 (qui
représente l'intérêt de 8 pour cent), notre
dette se serait élevée successivement, en intérêts annuels, de 113 millions à 161 ; voyons
ce qu'il faudrait à la caisse d'amortissement de
temps et de dépense pour absorber les 48 millions de rentes qui resteraient encore dans la
circulation *à la vingt-troisième année*. Un sup-
plément au tableau N°. 6 conduira facilement
à ce résultat.

Années	Fonds annuel d'amor- tissement.	Montant des intérêts des rentes rachetées annuellem^t.	Total des moyens d'amortiss^t.	Montant des rentes achetées chaque année au cours de 80.
23e.	40,000,000	111,574,235	151,574,235	9,474,635
24	40,000,000	121,048,870	161,648,870	10,065,550
25	40,000,000	131,114,420	171,114,420	10,694,650
26	40,000,000	141,809,070	181,809,070	11,363,065
27	»	125,245,840	125,245,840	7,827,865

Total des rentes rachetées de la 23e. année à la 27e. 49,425,765

Il en avait été racheté pendant les vingt-deux premières années. 111,574,235

Total général des rentes rachetées en 27 ans. . . 161,000,000

La dépense de la caisse d'amortissement pendant ces 27 années, s'établit ainsi qu'il suit :

Intérêts payés par le trésor, soit à la caisse, soit aux particuliers, pendant 27 ans, tant pour *la dette ancienne* que pour *l'emprunt de 1817*, à raison de 113 millions par an · · · · · 3,051,000,000

Intérêts à 8 pour cent du second emprunt de 200 millions pendant 26 ans. 416,000,000

— du troisième emprunt de 200 millions pendant 25 ans · · · 400,000,000

— du quatrième emprunt de 200 millions pendant 24 ans · · · 384,000,000

Appoint de la vingt-septième année. 125,000,000

TOTAL en intérêts. . 4,376,000,000

Fonds annuel de 40 millions pendant 26 ans. 1,040,000,000

TOTAL général de la dépense *à la vingt-septième année où toute la dette est éteinte* 5,416,000,000

Il en aurait coûté, dans le système *du remboursement annuel*, qui ne serait opéré qu'en 65 ans, comme ci-dessus 7,053,000,000

Différence à l'avantage de
l'amortissement, au cours de 80   1,637,000,000

Et si l'on voulait supposer que la caisse d'a-
mortissement ne dut jamais faire ses rachats
qu'au pair, au lieu du cours de 80, l'entière
libération ne se trouverait opérée qu'à la trente-
quatrième année.

Alors la dépense de la caisse s'établirait ainsi
qu'il suit :

Intérêts de la dette *ancienne*
et du nouvel emprunt de 300
millions, fait en 1817, à raison
de 113 millions par an, pendant
33 ans.   3,729,000,000

   Idem du deuxième emprunt
de 200 millions à 8 pour cent,
pendant 32 ans.   512,000,000

   Idem du troisième emprunt
de la même somme au même
intérêt, pendant 31 ans.   496,000,000

   Idem du quatrième emprunt,
pendant 30 ans.   480,000,000

                                   5,217,000,000

Fonds annuel d'amortisse-
ment à raison de 40 millions
par an, pendant 33 ans (*V*. État

No. 8). . . . . 1,320,000,000 }
Appoint pour   } 1,336,185,680
la 34ᵉ. année.   16,185,680 }

Dépense totale de l'amor-
tissement. 6,553,185,680
    Dépense *du remboursement*
simple. 7,053,000,000
Différence à l'avantage de *l'a-*
mortissement au pair. 499,814,320

Et la libération entière opérée en 34 ans, au
lieu de 65 nécessaires dans le système *du rem-*
boursement annuel.

État N°. 8. TABLEAU

Des effets de l'amortissement *au pair* de 161 millions de rentes, 5 pour cent, avec un fonds annuel d'amortissement de 40 millions.

Années	Fonds d'amortissement.	Montant des intérêts annuels des rentes rachetées annuellement au pair.	Total des moyens d'amortissement.	Montant des rentes rachetées chaque année.
1re	40,000,000	»	40,000,000	2,000,000
2	40,000,000	2,000,000	42,000,000	2,100,000
3	40,000,000	4,100,000	44,100,000	2,205,000
4	40,000,000	6,305,800	46,305,000	2,315,250
5	40,000,000	8,620,250	48,620,250	2,431,012
6	40,000,000	11,051,262	51,051,262	2,552,563
7	40,000,000	13,603,823	53,603,823	2,680,191
8	40,000,000	16,284,014	56,284,014	2,814,200
9	40,000,000	19,098,214	59,098,214	2,954,910
10	40,000,000	22,053,124	62,053,124	3,102,656
11	40,000,000	25,155,780	65,155,780	3,257,789
12	40,000,000	28,413,569	68,413,569	3,420,678
13	40,000,000	31,834,447	71,834,447	3,591,722
14	40,000,000	35,426,169	75,426,169	3,771,308
15	40,000,000	39,197,487	79,197,487	3,959,874
16	40,000,000	43,157,361	83,157,361	4,157,868
17	40,000,000	47,315,229	87,315,229	4,365,761
18	40,000,000	51,680,990	91,680,990	4,584,049
19	40,000,000	56,265,039	96,265,039	4,863,256
20	40,000,000	61,128,295	101,128,295	5,011,115
21	40,000,000	66,139,410	106,139,410	5,306,970
22	40,000,000	71,446,380	111,446,380	5,572,319
23	40,000,000	77,018,699	117,018,699	5,850,934
24	40,000,000	82,869,633	122,869,633	6,143,481
25	40,000,000	89,013,114	129,013,114	6,450,655
26	40,000,000	95,463,769	135,463,769	6,773,188
27	40,000,000	102,230,957	142,230,957	7,111,542
28	40,000,000	109,342,499	149,342,499	7,467,124
29	40,000,000	116,809,623	156,809,623	7,840,481
30	40,000,000	124,660,104	164,660,104	8,233,005
31	40,000,000	132,893,109	172,893,109	8,644,655
32	40,000,000	141,537,764	181,537,764	9,076,888
33	40,000,000	150,604,652	190,604,652	9,580,272
34	16,185,680	»	16,185,680	809,284
		1,336,185,680		161,000,000